# LETTRE

## A M***,

### DE L'INSTITUT NATIONAL,

#### Par Ét. CALVEL.

## A PARIS,

De l'imprimerie d'A.-J. Marchant, libraire
pour l'Agric., rue des Grands-Augustins,
n°. 20.

1806.

# LETTRE A M. ***,

MEMBRE DE L'INSTITUT NATIONAL.

---

JE devais m'attendre, Monsieur, qu'en demandant à être inscrit sur la liste des prétendans à la place vacante à l'Institut dans la classe d'Economie rurale, j'allais exaspérer les prétentions, et donner un nouveau ferment à la haine. Je n'en puis douter en ce moment.

Mais que peuvent les intrigues, les dénonciations, les calomnies auprès des savans et hommes-de-lettres utiles, qui, éloignés de tout esprit de parti, ont bien autre chose à faire que de prêter l'oreille ou de s'arrêter à des propos de coterie ?

On s'efforce, dit-on, d'inspirer contre moi de la défaveur à quelques membres de l'Institut, parce que, dans la Feuille du Cultivateur, je n'ai point ménagé feu M. Cels, M. Tessier, etc.

Ma réponse est bien simple : pourquoi m'ont-ils mis dans la dure position de me défendre ?

De ma vie je n'ai provoqué personne. Tous

ceux qui me connaissent savent que mon cœur, naturellement sensible, s'est constamment épanoui lorsque j'ai pu rendre service ; quand j'ai été assez heureux pour réussir, je me suis trouvé toujours le plus obligé.

Mais lorsque j'ai été provoqué, je me suis fait un devoir de me défendre ; ce sentiment est de droit naturel.

Privé de mes biens, du nécessaire, à la suite de la révolution et de quelques malheurs de famille, je composai des ouvrages d'agriculture, que j'ai aimée presque avec passion, depuis qu'après avoir soutenu mes thèses de physique, je lus la *Statique des Végétaux* de Halles, le *Théâtre d'Agriculture* d'Olivier de Serres, et la *Théorie pratique* de Roger-Schabol.

J'espérai me faire une ressource utile de mon expérience et de ma pratique dans ce premier des arts, qui nourrit tous les autres. Je recueillis le peu de notes et de mémoires qui, lors de mon arrestation à Andely, n'avaient point été la proie des flammes, avec mon recueil de fables, et beaucoup d'ouvrages de littérature, à laquelle je ne suis point étranger.

Je ne croyais pas débuter par mon Traité des Arbres pyramidaux, que je n'avais fait rapidement que pour l'instruction d'un ami. Quelle fut ma surprise et ma joie, lorsque je vis la première édition de cet ouvrage, tiré à plus de 2500 exemplaires, épuisée en peu de mois! lorsque, six semaines après sa publication en France, je reçus la traduction allemande que le docteur Sickler en avait faite à Prague! lorsque je vis un grand nombre de propriétaires de Paris et des départemens me consulter de vive voix et par écrit, et d'autres diriger leurs arbres pyramidaux, mon livre d'une main, et la serpette de l'autre!

Je me fis alors un devoir d'en offrir un exemplaire à la Société d'agriculture de la Seine. J'ignore quelle sensation il a pu faire collectivement, mais je m'en console par l'effet qu'il a produit sur M. le Conseiller d'état Préfet du département de la Seine, et sur un grand nombre de membres de ce corps illustre, qui se firent un plaisir de m'encourager.

L'un d'eux, M. le Sénateur G.***, membre de l'Institut, que je n'ai eu l'honneur de voir qu'à cette époque, m'engagea de présenter cet ouvrage à l'Institut. Un juste pressentiment me portait à attendre que je pusse lui en offrir un d'un intérêt plus général. Il insista, se chargea de le remettre lui-même.

Je ne puis vous dissimuler, Monsieur, l'étonnement que j'éprouvai , lorsque j'appris de plusieurs personnes que feu M. Cels , que j'avais été voir deux fois , et à qui j'avais remis en particulier mon ouvrage , en avait fait un rapport peu favorable , et qui avait peut-être plus qu'étonné ceux qui connaissaient ce livre.

Quelque rassuré que je fusse , par la persuasion où j'étais que mes principes pratiques étaient fondés sur une longue expérience , j'en fus affecté , dans la crainte que l'influence d'un tel jugement n'affaiblît l'opinion qu'on avait conçue sur mon compte , et ne m'ôtât les ressources que le besoin me faisait invoquer.

M. Tessier inséra en entier ce rapport sous le titre d'*article communiqué* , dans ses Annales d'Agriculture du 30 floréal an 11.

Ma surprise ne fit que changer de direction , lorsqu'à la lecture de ce rapport , qui prêtait tant à la réfutation par le fonds , par la forme , sur-tout parce qu'on m'y supposait des principes diamétralement opposés aux miens (1) , je vis

---

(1) Page 20 de la première édition de mes *Arbres fruitiers pyramidaux* , j'ai insisté sur la nécessité « de » conserver le pivot , cette précieuse racine qui sympa- » tise par un rapport intime avec la tige , et qui n'en » est que le prolongement ».

daille de la société d'agriculture du département
de la Seine ; qui a eu la même distinction dans
trois autres sociétés , ainsi qu'à l'Athénée des
Arts ? Il est actuellement à Paris : demandez-
lui ce qu'il a eu à souffrir de ces intrigues sourdes , des obstacles qu'on lui a opposés , des ju-
gemens qu'on s'est permis sur son compte. On
va imprimer ses mémoires avec les pièces jus-
tificatives ; il fait appel à tous les meneurs ,
docteurs théoriciens qui veulent s'attribuer le
droit de le juger ou de le protéger. Il a jetté le
gant ; qu'on le relève.

Je ne devais pas m'attendre à plus d'égards.
On m'engagea de lire à la Société d'agriculture
un mémoire sur un genre de greffe soi-disant
anglaise , et que je prouvai être pratiquée dans
nos départemens méridionaux , long-tems avant
qu'elle fût connue des Anglais , qui cherchent
à s'approprier les découvertes des autres peu-
ples. On nomma commissaires MM. Cels , Tessier et un autre membre , pour faire le rapport.
Point de nouvelles depuis près de quatre ans.

Je présentai mes ouvrages à cette Société.
A la séance publique , j'entendis annoncer l'en-
voi d'ouvrages anglais ; silence absolu sur mon
hommage.

C'est à cette époque que j'appris qu'on me

*travaillait* secrétement et constamment ; je ne pouvais pas répondre à des intrigues sourdes , sans preuve , ou sans compromettre les personnes qui voulaient bien m'avertir ; mais je m'en dédommageais dans la Feuille du Cultivateur. A chaque coup d'épingle, j'opposais ce bouclier : au reste, qu'on lise les articles dont on se plaint, on verra de quel côté est l'amour du bien, la justice et la vérité !

Tout le monde sait que le Gouvernement avait fait distribuer dans tous les départemens mon Traité sur les Pépinières et le Manuel des Plantations. C'était un succès bien affligeant pour certains individus. Il était intéressant d'affaiblir la confiance qui en pouvait résulter.

M. Tessier, dans son journal du 3o ventôse an 12 , inséra un long mémoire de M. Fera de Rouville, sur les moyens d'améliorer la grande culture, et sur l'organisation complète de la Société d'agriculture séante à Melun.

Il fit, suivant son usage, des observations ; elles roulèrent sur l'établissement des fermes expérimentales ; et sans qu'aucune conséquence directe ni indirecte l'y amenât, il ajouta :

« Ce qui est publié au nom du Gouverne- » ment, ou avec l'approbation du Gouvernement,

» sans doute, ne doit pas toujours inspirer plus de
» confiance que ce qui est publié au nom d'un
» particulier. Tout dépend de l'objet et du parti-
» culier. Il arrive quelquefois que le Gouverne-
» ment, trompé par les *charlatans* qui l'obsèdent
» dans les momens où des choses importantes
» l'occupent, *laisse croire* qu'il regarde comme
» bons les ouvrages auxquels il donne sa sanc-
» tion. Dans ce cas, l'écrit d'un particulier estimé,
» qui n'est ni enthousiaste, ni susceptible de pré-
» vention, et depuis long-tems reconnu pour ne
» dire que la vérité, mérite plus d'être accueilli
» que ce qui vient de la part du Gouverne-
» ment ».

On ne manqua pas de crier *bravo* sur cette sortie, dont on me désignait l'objet, puisque j'étais le seul dont le Gouvernement eût distribué les ouvrages d'agriculture. Le lecteur ne peut s'empêcher de convenir que je pouvais réfuter ce passage avec un avantage d'autant plus grand, que j'aurais pu me faire un mérite de prendre la défense du Gouvernement, et même me plaindre au Ministre, qui n'eût été rien moins que flatté de ce passage.

Eh bien ! c'est cette considération qui m'arrêta. J'aurais pu être soupçonné de jouer le rôle infâme de dénonciateur. Je gardai le silence et le secret. Je ne prétends pas m'en faire un mérite auprès de M. Tessier : ce procédé ne m'eût pas coûté à l'égard de mon plus cruel ennemi , et assurément je ne suis rien moins que le sien.

Ah ! si j'avais eu l'imprudence d'en dire le quart ! oh c'est alors qu'on m'eût joliment *travaillé*.

J'en juge par les calomnies qu'on n'a cessé , qu'on ne cesse de répandre contre moi comme un secret confidentiellement public.

Je méprise toutes celles qui n'ont du rapport qu'à mes talens et à mes succès dans la pratique : l'opinion est prononcée , les faits parlent. Mais il en est deux qui m'ont véritablement affligé : l'une , c'est qu'il a été dit souvent que j'étais cause que la Société d'agriculture de la Seine avait cessé d'avoir le titre d'*impériale* qu'on lui avait donné dans l'Almanach impérial de l'année dernière. Ce fait m'a été confirmé par un membre très-marquant de cette société. Je pourrai revenir , dans une autre lettre , sur cette calomnie , qui n'a refroidi ni l'amitié ni l'estime de ceux des membres de cette société qui me connaissent.

La seconde , qui tient de la cruauté , est l'interprétation qu'on a osé donner à ce passage de ma Notice historique de la pépinière nationale du Luxembourg :

« Accoutumé à gouverner tous les ans, de quatre à cinq cent mille arbres, le bon père Hervy ne trouva plus un aliment à son activité et à son zèle. Il avait l'air abattu ; il devenait tous les jours triste, mélancolique, et on ne doute pas que le chagrin n'ait insensiblement accélléré le terme de ses jours, sur-tout après l'accident qu'il éprouva à la suite d'un seul verre de vin, qu'il croyait recevoir des mains de l'amitié, et qui lui occasionna un mal-aise et une indisposition qui ne purent que donner une nouvelle activité au principe de destruction qui s'annonçait déja ».

Je frémis de le dire, on a eu la scélératesse de prétendre que M. Hervy et moi laissions planer un soupçon sur feu M. Cels, et peut-être l'a-t-on laissé mourir dans cette erreur.

Je puis attester que Madame et M. Hervy ne m'ont désigné que le nommé V***, pépiniériste, qui sollicita le bon père Hervy de boire du mauvais vin dans l'état où il se trouvait. Me serai-je servi de l'expression *des mains de l'amitié*, s'il eût bu ce verre de vin chez M. Cels? Celui-ci était-il capable de rien lui offrir qui eût pu l'incommoder ? Je ne connais que ceux qui ont inventé une telle calomnie, ou qui voudraient la persuader, qui soient capables d'un tel crime.

Mes critiques sur M. Huzard ont eu le même motif et le même objet que celles contre M. Tessier. J'ai rendu compte de l'ouvrage de M. de Maleden, etc. Il peut n'être pas content de moi ; personne ne sait mieux que lui si je dois l'être de mon côté.

Ces critiques contre des particuliers ne sont point faites pour influer sur le jugement de la Classe, qui n'épouse les passions de qui que ce soit ; je rends même à MM. Huzard et Tessier la justice de penser que des ressentimens particuliers ne prévaudront pas sur le devoir. Investis en quelque sorte d'une espèce de magistrature, ils n'iront pas se dégrader jusqu'à descendre à des considérations de vengeance individuelle. Si ce motif seul, et non celui de la justice, les décidait, ils seraient plus à plaindre que moi, et à ce prix je serais cent fois plus fier d'être à ma place qu'à la leur.

J'ai l'honneur de vous saluer.

CALVEL.

Paris, ce 12 Juin 1806.